AF385085

ESSAI

SUR

LA THÉORIE

DES

CAUSES ET DES CONDITIONS ILLICITES

DANS LES

CONTRATS ET DANS LES LIBÉRALITÉS

Par M. J. DELPECH-DELPÉRIÉ

CONSEILLER A LA COUR IMPÉRIALE DE PONDICHÉRY

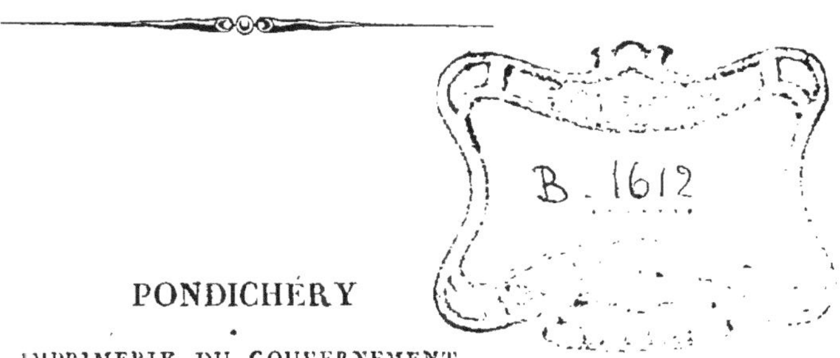

PONDICHÉRY

IMPRIMERIE DU GOUVERNEMENT.

1869

A Son Excellence

Monsieur le Maréchal Niel,

Ministre de la Guerre

Et

A Monsieur Bontemps,

Commissaire général de la marine,

Commandeur de l'Ordre impérial de la Légion d'Honneur

Gouverneur-général

des Etablissements français dans l'Inde

Respectueux dévouement et reconnaissance.

TABLE.

PRÉFACE

Il nous est souvent arrivé de remarquer, dans la discussion des doctrines ou dans la pratique des affaires, que la matière, passablement abstraite, *des causes et des conditions illicites* n'est pas aussi connue qu'elle mérite de l'être. — On y est frappé, même, de l'énormité de certaines erreurs émises par les plus graves docteurs, sans doute faute par eux d'avoir assez scruté les fondements de cette matière.

Cette seule raison, (outre l'approbation élogieuse de quelques auteurs estimés et qui font autorité dans la science du droit), nous a paru suffisante pour oser aborder cette matière délicate, la traiter en forme de théorie et la faire imprimer sous le titre modeste d'un *Essai*, que des hommes plus érudits et voués plus particulièrement à l'enseignement du droit, développeront à leur aise, si cela leur plait et, en tous cas, avec plus de succès et d'une manière plus brillante que nous ne pourrions le faire nous-même.

A force d'abréger cet *Essai*, nous avons fini par le réduire à la substance même des principes les plus élémentaires et les plus palpables ; ce qui n'empêchera certainement pas la critique, surtout de ceux qui n'étudient pas assez la doctrine et que, souvent, on entend déclamer, du haut de leur insuffisance, même contre les plus beaux ouvrages publiés, non

seulement sur le droit, mais encore sur la religion ou la morale, par les autorités les plus imposantes.

S'il en est ainsi pour *les écrivains les plus sérieux......*, qui s'en consolent, à plus forte raison nous sera-t-il facile de nous consoler avec eux, nous qui n'avons et n'aurons jamais assurément *aucune prétention* à ce titre glorieux d'écrivain ; nous qui n'avons eu d'autre but ici que de proclamer quelques vérités utiles et de combattre quelques erreurs, à nos yeux, d'autant plus regrettables qu'elles obscurcissent et déshonorent une des parties les plus belles et les plus attrayantes de la science du droit.

Enfin, il nous semble que, comme membre de la magistrature française de l'Inde, nous devons au moins essayer, dans la mesure de nos forces, d'imiter le bel exemple qui nous est donné par un Chef éclairé, dont les livres ne contribuent pas moins à l'administration d'une bonne justice que l'exercice de son autorité ferme et vigilante.

ESSAI

SUR LA

THÉORIE DES CAUSES ET DES CONDITIONS ILLICITES

DANS LES CONTRATS ET DANS LES LIBÉRALITÉS.

THÉORIE GÉNÉRALE

I

Le mot *cause,* dans son acception la plus étendue, implique l'idée d'un principe générateur auquel se rattachent les *faits* que la nature produit à nos yeux, soit dans l'ordre matériel ou physique, soit dans l'ordre moral.

Les phénomènes de l'ordre physique sont le produit des lois ou causes qui régissent la matière ; lois dont l'essence et le mode d'action sont indépendants des volontés humaines.

Dans l'ordre moral, au contraire, l'homme, fait à l'image de Dieu, doté du magnifique apanage de l'*intelligence* et de la *liberté*, devient, à son tour, créateur et conservateur dans le libre exercice de ces deux facultés. — Sa volonté, cause active et puissante, produit des *actes* dans l'ordre social, comme le mouvement et la lumière produisent des phénomènes dans le monde physique.

Cette volonté est le sublime domaine des *lois morales*, qui règlent l'exercice des facultés de l'homme dans ses rapports avec Dieu et avec ses semblables. — Les unes le régissent dans le *for intérieur*; elles épurent la volonté, en éclairant l'intelligence : se sont les lois RELIGIEUSES. — Les autres qui ne sont, comme les premières, qu'une extension du droit naturel, régissent l'homme dans le *for extérieur* et forment l'ensemble des lois CIVILES : ═ Lois *politiques*, quand elles ont pour objet les rapports du pouvoir et du sujet, éléments corrélatifs de toute société; — Lois *privées*, en tant qu'elles règlent les relations de famille ou de propriété.

Toutes sont *d'ordre public*, en tant qu'elles sont fondamentales et qu'elles maintiennent le tissu divin de la société humaine.

L'*ordre moral*, religieux, politique ou privé, dépend de la conformité de la volonté à ces lois. — L'union des volontés, sous ces lois, forme la perfec-

(3)

tion de cet ordre : *l'unité sociale*, fin de toute loi morale (1).

Le premier devoir du législateur est de maintenir cet ordre. — Le premier devoir imposé à la volonté individuelle du sujet, est la soumission aux règles d'où dépend la *moralité* des actes humains et la *sanction légale* de ces actes.

Aussi, la volonté souveraine, conservatrice de l'ordre social, étend-elle sa vigilance et son autorité sur tous les *actes*, pour sanctionner leur moralité et assurer leurs effets, ou pour les frapper de stérilité, lorsque leur immoralité blesse l'ordre social.

S'il en était autrement, la société humaine ne résisterait pas à l'influence pernicieuse et incessante des passions qui cherchent à ébranler ses fondements.

Les articles 6 et 1131 du Code Napoléon résument ainsi ces principes : — « *On ne peut déroger, par des conventions particulières, aux lois qui intéressent* l'ordre public *et les* bonnes mœurs. » (6). — « *L'obligation sur une cause illicite ne peut avoir* aucun effet. » (1131).

Définissant l'immoralité qui vicie, les actes inté-

---

(1) — Cet aperçu rapide n'est pas hors de sujet ; car l'importance de ces lois, selon leur objet, nous servira, principalement, à déterminer la gravité des causes et des conditions illicites.

ressés ou gratuits, la loi emploie des termes presque identiques à ceux de l'article 6 : — « *La cause est* ILLICITE, dit l'article 1133, *quand elle est* PROHIBÉE PAR LA LOI ; *quand elle est* CONTRAIRE AUX BONNES MOEURS *ou* A L'ORDRE PUBLIC. » — « *Dans toute disposition* (*gratuite*), dit l'article 900, *les conditions* CONTRAIRES AUX LOIS *ou* AUX MOEURS *seront réputées non écrites.* » — « *Toute condition* CONTRAIRE AUX BONNES MOEURS *ou* PROHIBÉE PAR LA LOI, dit l'article 1172, *est nulle et rend nulle la convention qui en dépend.* »

L'article 6 est la règle suprême. — Les articles 1131, 1133, 1172 et 900 en sont une dérivation.

Ne semble-t-il pas, au premier abord, qu'il y a pléonasme, dans tous ces textes ?...... un fait, une cause, une condition, ne sont-ils pas *prohibés par la loi*, par cela seul qu'ils blessent *l'ordre public* ou les *bonnes mœurs*..... ?— Oui, sans doute ; mais, tous les faits dont l'immoralité peut blesser l'ordre social et vicier radicalement un acte de volonté, ne sont pas spécifiés dans la loi et, cependant, on a voulu les comprendre tous sous l'anathème. — Quoique le fait ou l'acte, par lequel se produit la cause ou la condition immorale, ne soit ni incriminé ni expressément prohibé, la nullité le frappe. Il suffit qu'on puisse dire qu'il est contraire aux principes constitutifs de l'ordre religieux, politique ou civil ; aux *bonnes mœurs*

qui ne sont que les habitudes sociales conformes à
ces principes. — Que de faits et d'intentions, surtout,
qui échappent à la prévoyance du législateur et dont
l'immoralité, hostile à l'ordre social, appelle l'autorité
préventive des lois ou les rigueurs de la justice.. . !—
Le pouvoir discrétionnaire des tribunaux doit, donc,
s'étendre sur ce domaine, sans limites, des causes et
des conditions illicites, qui offrent, dans leur variété,
d'innombrables nuances.

II

Le vice de tout acte suppose, comme mobile de
la volonté, un *fait* immoral ou prohibé par la loi,
que le disposant a voulu *honorer*, *récompenser* ou
encourager. — Il n'est pas de cause ou de condition
illicite, qui ne rentre dans l'un de ces motifs, également
réprouvés par l'article 6 du Code Napoléon.

Le disposant honore ou récompense le fait immoral,
lorsqu'il est *accompli*; — Il encourage ce
fait, lorsqu'il n'est pas encore réalisé, qu'il est *éventuel*.
Dans ce dernier cas, il est encore coupable,
puisqu'il détermine un mal qui n'existait pas encore.
— Nous aurons à insister sur cette distinction : *Préexistence*
du fait; *éventualité* du fait qui distinguent
la *cause* illicite proprement dite de la *condition* illi-

cite, dont les effets, identiques dans les contrats, sont différents dans les libéralités, d'après la combinaison des articles 1131, 1172 et 900 du Code Napoléon.

III

C'est, principalement, dans les dispositions gratuites que se rencontre la cause illicite. Elle est rarement invoquée dans les contrats à titre onéreux ou intéressé dont l'immoralité tient, presque toujours, à un fait éventuel : la destination donnée à leur objet. — L'homme est plus libre dans ses affections désordonnées que dans les combinaisons de son improbité. — Lorsqu'il s'agit d'un contrat intéressé, le motif déterminant est, toujours, un avantage actuel, un intérêt matériel. L'immoralité d'un tel acte ne peut, donc, consister que dans la fin ultérieure que la volonté coupable et mutuelle des contractants se propose d'atteindre. — *Je m'engage, moyennant telle somme, à vous fournir des armes, pour l'exécution d'un complot formé contre la sûreté de l'État....* — Le vice du contrat consiste à vouloir aider le fait *éventuel* de cette exécution.

Mais, ici, la fin absorbe le moyen et justifie la nullité prononcée par l'article 1172.

Dans les libéralités, lorsque le fait immoral est pré-existant et que le donateur a voulu le récompenser, c'est la *cause illicite* et, dans cette cause, deux volontés, également coupables, concourent : l'une qui a produit le fait, l'autre qui a voulu l'honorer. C'est ce qui justifie l'application aux libéralités de la nullité que prononce l'article 1131. — Si le fait immoral n'est pas accompli, s'il est imposé comme *condition* à réaliser par le donataire, il y a une intention coupable, celle du donateur ; mais pas encore de mal réel ; pas, même, une présomption qu'il sera réalisé et que le donataire veut s'en rendre coupable. C'est ce qui justifie l'article 900 portant que les conditions illicites sont, simplement, *réputées non écrites*.

Ajoutons que la préoccupation d'un fait immoral et l'influence qu'il peut avoir exercé sur la volonté, ne sont pas toujours de nature assez grave pour vicier radicalement la disposition et entraîner sa nullité. — Il faut qu'on puisse dire, pour fonder cette nullité : « l'influence du fait immoral A DOMINÉ *l'intérêt pécuniaire* stipulé dans le contrat intéressé......; IL A DOMINÉ tout *motif de bienfaisance* dans la libéralité.......; le motif *déterminant* de la disposition, intéressée ou gratuite, réside *principalement*, sinon exclusivement, dans le fait immoral......» Alors seulement, la disposition, affectée d'un vice radical, ne peut être maintenue sans scandale. — Autrement,

si elle peut être attribuée à un autre motif honnête,
la loi ne pourrait l'annuler sans injustice. Pour justifier sa validité, il suffit qu'on puisse dire : « *L'intérêt pécuniaire* des parties contractantes, (s'il s'agit
d'un contrat intéressé)....., *la bienfaisance* inspirée au disposant par la personne gratifiée, (s'il s'agit
d'une libéralité)....., *a* DOMINÉ, dans la volonté,
l'influence du fait immoral......»

IV

Enfin, selon la règle, généralement admise, qu'une
mauvaise intention ne se présume jamais, la cause et
la condition illicites, si elles ne ressortent des actes
qui certifient les dispositions de l'homme, doivent
être prouvées par des moyens analogues à la preuve
des délits.

———————

Ces principes posés,

Nous développerons, d'abord, le caractère dis-
tinctif des causes et des conditions illicites et les conséquences de cette distinction, relativement aux différentes règles établies par les articles 1131, 1172 et
900 du Code Napoléon entre les contrats et les libéralités.

Nous distinguerons , ensuite , selon leur objet , les principales causes ou conditions dont l'immoralité peut vicier un acte de disposition quelconque.

Enfin , dans un troisième et dernier paragraphe , nous poserons les règles de la preuve tendant à établir la cause ou la condition *illicite*, pour justifier la nullité qui en est la conséquence.

PARAGRAPHE PREMIER.

CARACTÈRES DISTINCTIFS DE LA CAUSE ET DE LA CONDITION ILLICITES. — RAISON ET CONSÉQUENCES DE CETTE DISTINCTION.

I

L'intention immorale du disposant, avons-nous dit, peut être déterminée ou par un fait *accompli* qu'il veut honorer et récompenser....., ou par un fait *éventuel*, à la réalisation duquel il intéresse la personne gratifiée...... — C'est, toujours, une volonté coupable qui encourt l'anathème de la loi, avec plus ou moins de rigueur.

La *préexistence* du fait caractérise la *cause* proprement dite.

Son *éventualité* caractérise la *condition*.

Lorsque je donne 10,000 francs à Paul parce qu'il a publié de mauvais livres, le fait *accompli* de la publication est le motif déterminant de ma volonté, la *cause* de la libéralité. — Si je vends ou si je donne à Pierre 20,000 francs, non plus pour honorer et récompenser l'immoralité d'un ouvrage déjà publié, mais en lui imposant, rigoureusement, l'obligation de le publier, c'est là, non plus une cause, mais une *condition* déterminée par le fait *éventuel* de cette publication.

Rappelons les textes :

Article 1131 : « L'obligation sur une *cause illicite*, *ne peut avoir* AUCUN EFFET. » — Ce texte, relatif à *toutes les obligations* qui dérivent des dispositions de l'homme, n'est restreint par aucun autre. La *cause* illicite entraîne, donc, la nullité de celles qui sont gratuites comme de celles qui sont à titre intéressé. (1107).

Il en est autrement des *conditions* illicites. — Dans les contrats à titre intéressé, elles *rendent nulles les conventions qui en dépendent.* (1172). — Dans les dispositions entre vifs ou testamentaires, elles sont *réputées non écrites*. (900).

On se demande alors :

Pourquoi le fait *préexistant* produit-il, indistincte-

ment, la nullité des contrats et des dispositions gratuites....?

Pourquoi la *condition* illicite produit-elle la nullité
des premiers seulement....?

II

En voici la raison :

La loi doit atteindre toute volonté dépravée; mais
elle doit , autant que possible, prévenir le mal et ne
doit punir qu'autant que son autorité préventive est
impuissante.

1° — Si , à la différence des contrats intéressés , la
condition est, simplement , réputée non écrite dans
les libéralités , c'est que *l'éventualité* du fait immoral
et la dépendance du donataire y militent , à la fois , en
faveur de la disposition. — Le fait imposé au donataire ,
qui subit seul la loi dans les actes de disposition gratuite , n'étant pas encore accompli , la loi peut *le prévenir* en ne faisant porter la nullité que *sur la condition*. Elle obtient ainsi le double avantage de ré-
médier au scandale dont la société était menacée et
de maintenir la disposition , qui devient alors un bien
véritable , sans laisser impunie la volonté perverse du
disposant. — S'agit-il d'un testament, le légataire , qui

est censé l'ignorer, n'est pas même coupable d'intention ou de faiblesse..... — S'agit-il d'une donation, la loi excuse l'acceptation du donataire. Tant que le fait contraire aux bonnes mœurs ou aux lois d'ordre public n'est pas réalisé, l'ordre social, à ses yeux, n'est encore blessé que par une intention irréfléchie. Elle présume que le disposant a peu compté sur l'accomplissement de la condition, parce qu'il ne pouvait ignorer que la loi y mettrait obstacle...; Elle présume, surtout, que le donataire ne voudra pas se rendre *complice* de la volonté coupable du disposant et c'est pour lui en ôter le désir avec le prétexte qu'elle lui dit : tu n'accompliras pas le fait immoral qui t'a été imposé; néanmoins, tu profiteras de la libéralité.

S'il en est autrement dans les conventions commutatives, c'est que, la position de chaque partie contractante s'y trouvant égale, elles sont *également coupables*. Chacune d'elles, par cela seul qu'elle donne l'équivalent de ce qu'elle reçoit, est en droit de faire la loi ; tandis que, dans les libéralités, la personne gratifiée subit seule cette loi et que, même, lorsqu'il s'agit d'un testament, elle ignore la condition qui lui est imposée.

2° — Quand il s'agit de la *cause* illicite, c'est-à-dire, du fait antérieur que le disposant a voulu honorer ou récompenser, le mal est fait. Il se produit *dans la disposition elle-même* et le donataire qui , par son consentement , consomme la libéralité honteuse dont il est gratifié , se rend , dès à présent , *complice* de l'intention coupable du disposant. Non seulement sa complicité est alors certaine , mais il devient le principal auteur du nouveau scandale dont gémit la société. — Il n'est plus au pouvoir de la loi d'empêcher cette complicité par le moyen *préventif* à la faveur duquel l'article 900 maintient la disposition. — L'inefficacité de ce moyen sollicite , dès lors , le moyen *répressif* de la nullité.

La seule sanction possible , dans ce cas , est donc *la nullité de* l'entière *disposition.*— L'intention du disposant et celle du donataire , dont le concours est toute la substance de l'acte , viciées par la même cause, tombent , à la fois , sous l'anathème de la loi. — Tel est le fondement de l'article 1131 reconnu appplicable aux libéralités et le sens de ces mots : « l'obligation, (ajoutons *la libéralité*), *sur une* cause *illicite ne peut avoir* AUCUN EFFET. »

III

Voici les conséquences de cette distinction.

1°— Il faut généraliser la raison de la loi et reconnaître , d'abord , l'extension de la nullité de la disposition entière au cas même de la *condition* , lorsque le fait immoral qui en est l'objet a été postérieurement accompli par le donataire. — Telle est encore , ici , l'influence du fait *accompli*, qu'il doit rétroagir sur la disposition gratuite et la rendre stérile. — Pourquoi cela...? Parce qu'alors le donataire , devenu *complice*, ne mérite plus la faveur de l'article 900...; Parce que ce serait un non sens de dire que la condition RÉALISÉE SERA *réputée non écrite* , expressions par lesquelles le législateur consacre ce moyen préventif, précisément, *pour mettre obstacle à* L'ACCOMPLISSEMENT du fait *immoral.* — L'accomplissement de ce fait rend le donataire d'autant plus coupable qu'il a méprisé l'indulgence de la loi et s'est rendu criminel sans intérêt.

L'impossibilité d'appliquer, ici, la faveur *exceptionnelle* de l'article 900 , fait , donc , revivre la règle générale et répressive de l'article 1172 , c'est-à-dire la nullité de *l'entière* disposition.

Si la libéralité n'a pas encore reçu son exécution lors de l'accomplissement du fait immoral, le donataire ou ses ayant-cause qui viendraient , ultérieurement, demander la délivrance des biens donnés, seront repoussés par l'exception de nullité et cette exception pourra être opposée par le donateur lui-même. Lui fermer cette voie de repentir serait injuste et souverainement immoral. . . . — Si, au contraire, l'exécution de la libéralité a précédé celle de la condition, le donateur est irrecevable à demander la restitution des biens donnés *ob turpem causam* ; parce que nul n'est admis à invoquer sa propre turpitude. — Nous pensons, néanmoins, que cette sorte de pénalité doit se restreindre dans les limites de la cause qui la produit ; que, dès lors, la *bonne foi* des HÉRITIERS les rendrait recevables à exercer l'action en répétition des biens dont ils auraient eux-mêmes effectué la délivrance, *parce qu'ils ignoraient la cause illicite.*

2° — On a dit qu'en supprimant la condition et validant ainsi la libéralité, la loi CONTRARIE *la volonté du disposant* qui dépend essentiellement de la condition ; qu'ainsi, ce ne peut être *qu'à titre de peine* contre lui que l'article 900 permet au donataire de retenir la libéralité.

Ce n'est là ni le seul ni le véritable fondement de l'article 900. — Dans toute libéralité affectée d'une condition illicite, même expresse, LA BIENFAISANCE, *motif dominant,* qui suffit à sa validité, *se présume* DE PLEIN DROIT (1132-900). Le disposant n'étant censé ignorer ni la loi ni l'immoralité de la condition, on doit supposer qu'il a peu compté sur l'accomplissement du fait immoral. Dès lors, en maintenant la disposition gratuite, *la loi ne contrarie pas la volonté du disposant,* mais elle s'y conforme.

La conséquence immédiate de cette présomption , comme de toutes les présomptions de ce genre ,(1352), est d'exclure toute preuve contraire. Ainsi , l'offre de prouver que le fait immoral de la condition a été le *motif déterminant* de la volonté du disposant pour en induire la nullité , serait , généralement , irrecevable.... ; La condition *sera* RÉPUTÉE *non écrite.*

Supposons qu'on offre de prouver qu'aucun lien d'amitié , aucune relation n'existaient entre le donateur et le donataire ; qu'ainsi , le fait immoral , imposé comme condition , a , véritablement, absorbé toute la volonté du premier..... ?— La présomption légale doit dominer toutes les autres présomptions de fait.

Telle est la force de l'article 900. Tel est le système qui avait déjà prévalu sous l'ancienne jurisprudence où toutes les conditions immorales étaient assimilées , comme dans l'article 900 , aux conditions *impossibles.* — Il a été critiqué par un grand nombre d'anciens jurisconsultes , notamment par Grotius et Vinnius (ad. inst. tit, de hœred. inst.) et par plusieurs auteurs contemporains : (V. Delv. t. ii, p. 399.— Durant. t. viii, nº 104) ; — Il a été écarté dans le Code Frédéric : (t. ii, par. 2, liv. vii, tit. 13, § 5, nº 1) et dans le Code prussien : (t. Ier , nº 584).

3º — Il eut été , selon nous , plus conforme à l'économie générale de la loi elle-même, de présumer le vice de l'acte lorsque le fait immoral est *exprimé* comme condition de la libéralité, en laissant la preuve contraire à la charge des donataires, et de n'établir, pour tous les autres cas, qu'une simple présomption du motif de bienfaisance, sauf aux parents intéressés à la nullité, à établir le fait immoral comme motif *déterminant* de la volonté du disposant. — Le fait exprimé de la condition aurait servi, déjà, d'un commencement de preuve *écrite*. Les besoins du donataire ou son opulence, les relations préexistantes ou le défaut de toutes relations antérieures entre le disposant et la personne gratifiée, leur immoralité notoire ou leur probité reconnue, l'importance de la libéralité, la position malheureuse des enfants légitimes privés de la substance de leur auteur..... etc., toutes ces circonstances et une foule d'autres, livrées, d'ailleurs, au pouvoir discrétionnaire des tribunaux, auraient servi à corroborer ce commencement de preuve écrite ou à balancer, dans tous les autres cas, la simple présomption du motif de bienfaisance. — Ce système n'eut-il pas mieux concilié le sort des dispositions gratuites avec l'intérêt des bonnes mœurs et de l'ordre public, dans un temps où l'esprit anti-religieux et l'effervescence politique peuvent, à tout instant, faire de ces actes un instrument de haine, de désordre et de ruine....? N'eut-il pas été plus conforme, surtout, à la prospérité des familles et aux droits sacrés de la légitimité dont l'intérêt domine,

dans bien d'autres cas, l'inconvénient qui peut résulter de la preuve scandaleuse d'un fait immoral....?

IV

1° — La présomption légale, qui est le fondement de l'article 900, ne saurait, pourtant, prévaloir sur la volonté contraire clairement manifestée, par le disposant lui-même, dans l'acte qui contient sa libéralité : — Il a déclaré, de la manière la plus explicite, *que la condition imposée est la* CAUSE UNIQUE, *le* SEUL MOTIF DÉTERMINANT *de sa disposition....* Oh ! alors et devant cette volonté coupable et trop explicite, qui s'obstine à braver l'autorité de la loi, doit disparaître, selon nous, avec la raison de l'article 900, l'autorité de la présomption qu'il établit.

En admettant, dans ce cas extraordinaire, la nullité de l'entière disposition, nous ne faisons que poser, d'après la raison même de l'article 900, la limite naturelle de l'exception qu'il consacre ; au delà de laquelle on doit, nécessairement, rentrer dans l'application du principe posé par les articles 6 et 1131. Il y a, ici, CAUSE ILLICITE. Comment en douter, quand le disposant le déclare....? — Un vice radical et *certain* altère, alors, l'essence de la disposition. — N'oublions pas de dire que la difficulté ou le scandale de la preuve contraire est un des fondements de l'article 900. Or, cette raison n'existe plus, dès l'instant que cette preuve ressort des termes de l'acte lui-même. — L'exception cesse avec la raison de la loi, *cessante omninò causâ legis, cessat lex.* — Le maintien de la disposition serait, lui-même, un scandale de plus.

Le motif de *bienfaisance* n'est-il pas l'élément substanciel de *toute libéralité,* tout comme *l'équipollence* est l'élément essentiel des contrats *à titre intéressé?* Cet élément, où est-il, quand le disposant proteste contre son existence.... ?

Dira-t-on que l'article 900 ne distingue pas.....? Mais il faut distinguer quand la raison de la loi le veut impérieusement.

Répétera-t-on, encore : que c'est *seulement* A TITRE DE PEINE *contre le disposant,* que l'article 900 permet au donataire de retenir la libéralité ; que ce dernier, dès lors, en profite *nonobstant le vice radical et* PROUVÉ *de la disposition.....?*

Cela est faux :

C'est, principalement, sur la possibilité de prévenir le scandale qui résulterait de l'accomplissement du tifa immoral et sur la présomption que ce fait n'a pas été le motif déterminant de la libéralité, que repose l'article 900. Si bien, que l'inefficacité de ce moyen préventif rend nulle la disposition, lorsque le fait a été réalisé par le donataire. — Cette sorte de peine résultant, pour le disposant, du maintien de la libéralité, si elle était réelle, loin d'être la raison dominante de l'article 900 et le fondement exclusif de la présomption légale qu'il consacre, ne serait, donc, jamais, qu'une conséquence indirecte de son application.

2° — Il résulte de la distinction que nous venons de développer : que la présomption légale de l'article 900 ne peut fléchir que devant la preuve écrite *qui indentifie, dans les libéralités, la condition avec la cause.*

Nous repoussons donc, *a priori*, l'opinion émise par M. Duranton, (t. VIII, n°s 107 et 108), dans l'espèce où le disposant, guidé par un sentiment de vengeance, impose au donataire *la condition de commettre tel meurtre..., tel incendie...* — Dans ce cas, dit-il, le contrat est à titre *onéreux* ; il y a, dès lors, CAUSE *illicite* ; partant, *nullité de* L'ENTIÈRE *disposition* aux termes de l'article 1131.

C'est une erreur : — Il n'y a, dans l'espèce citée, ni contrat *onéreux*, ni *cause* proprement dite et pouvant donner lieu à la nullité prononcée par ce texte.

Et, d'abord, toute condition contraire à l'ordre public ou aux bonnes mœurs n'offre-t-elle pas au disposant l'intérêt d'une passion à satisfaire....? Tout fait immoral imposé au donataire n'est-il pas *onéreux* pour lui aux yeux de la loi qui le dégage de la condition..... ? — La loi suppose bien l'un et l'autre, puisque, par une présomption de plein droit, elle valide la disposition, comme pure et simple, sans s'arrêter, à la *clause* conditionnelle de l'acte. — Or, si, par le seul effet de cette présomption, il y a, toujours, *motif* DOMINANT *de bienfaisance*, si l'acte est validé comme *disposition* GRATUITE, est-il permis, pour éluder la faveur de l'article 900, de donner à l'acte un autre caractère....? — Cette opinion de M. Duranton renverserait toute l'économie de la loi.

V

Il y a des cas où l'immoralité de la disposition, sous l'apparence d'une *condition*, s'identifie, nécessairement, avec la cause, c'est-à-dire, avec un fait qui absorbe le motif déterminant de la volonté.

1° — Une pension viagère de 3,000 francs est léguée à un individu *à condition qu'il ne cohabitera pas avec son épouse* qui était la concubine avérée du testateur..... —Il est manifeste que c'est un sentiment d'aversion et de jalousie qui a inspiré la libéralité. Rien de plus opposé à la bienfaisance que ce sentiment. Il y a incompatibilité entre le motif déterminant réel et le motif qui sert de fondement à la présomption légale.... Nous n'hésiterions pas à annuler la disposition. Il y a des preuves morales souvent plus puissantes que la preuve écrite. — D'ailleurs, ici, *la condition se lie à des faits* ANTÉRIEURS *criminels.* Elle s'identifie avec la cause. Cette jalousie effrénée, où a-t-elle pris sa source, si ce n'est dans l'adultère...? A vrai dire, c'est son affection criminelle dont le testateur a voulu perpétuer le souvenir après lui; c'est son idole qui est le véritable objet de sa libéralité.

2° — Dans l'espèce suivante, le motif déterminant s'offre, encore, sous l'apparence d'une condition; il est, même, *complètement absorbé par un fait* POSTÉRIEUR que le donataire direct est chargé d'accomplir et, pourtant, la disposition entière doit être déclarée nulle; l'article 900 n'est point applicable : — *Je donne à une personne mal famée une somme de 20,000 francs pour être,* EXCLUSIVEMENT, *employée à la fondation* D'UN ÉTABLISSEMENT IMMORAL. L'immoralité notoire de cette personne me garantit d'avance l'exécution de ma volonté. — Ici, la présomption légale du motif de bienfaisance personnelle se trouve *virtuellement* exclue par les termes de la condition elle-même. — Aussi, la nullité de la condition produit-elle encore la nullité de l'entière disposition.

La personne directement gratifiée *n'est point donataire.* Elle n'est que ministre d'une pensée désordonnée, *mandataire* d'une volonté coupable. — Dès lors, à quel titre retiendrait-elle la libéralité........? Le donataire véritable, c'est *l'établissement* dont l'existence future a seule préoccupé ma pensée et exclusivement déterminé ma volonté... — Mais sa fondation est *moralement impossible* aux yeux de la loi, puisqu'elle y met obstacle et il est certain, sous ce rapport, que la personne gratifiée n'existera jamais........ Or, cette incertitude indéfinie constitue une *incapacité* absolue, c'est-à-dire, le défaut d'un élément *essentiel* à toute convention (1108, 3ᵉ alin.) et dont l'absence, par conséquent, entraîne, toujours, la nullité de l'acte qualifié contrat à titre intéressé ou à titre gratuit. — La nullité de l'entière disposition est, donc, une conséquence même de la nullité de la condition, par cela seul que les termes de cette condition excluent, virtuellement, la présomption légale du motif de bienfaisance.

Mais, dans cette dernière espèce, la disposition

devrait être validée, en vertu de l'article 900, si la fondation de l'établissement immoral, au lieu d'être imposée au donataire comme charge ou condition expresse, lui était, seulement, recommandée par une simple *invitation*. — Cette invitation coupable peut-elle détruire le motif présumé de bienfaisance? ....
..... — On a prétendu que la volonté *plus ou moins influencée* par un motif coupable, doit *toujours être punie*; que l'article 900 en ne validant que la disposition *conditionnelle*, est inapplicable dans l'espèce ou le fait immoral ne constitue pas une condition rigoureuse; que, dès lors, la volonté coupable du disposant, *pour ne pas rester impunie*, appelle la *nullité de la disposition elle-même.*

Ce système est insoutenable.

Faut-il répéter que l'article 900 se conforme à la volonté présumée du disposant en épurant ses motifs......? Que la nullité partielle, celle de la condition, nécessaire pour prévenir le scandale, suffit pour purger l'immoralité de l'acte.........? — Il serait étrange que la présomption du motif de bienfaisance établie pour le cas d'une condition *rigoureuse*, ne put avoir lieu dans le cas, bien plus favorable, où le disposant, en n'adressant au donataire qu'une simple invitation, parait avoir voulu lui accorder, lui-même, la liberté de ne pas s'y conformer......!

VI

1° — Même dans un contrat de vente, d'échange, de bail ou tout autre *à titre intéressé*, malgré la disposition de l'article 1172, qui frappe de nullité le contrat lui-même par suite *d'une condition immorale stipulée*, la simple invitation ou recommandation d'accomplir un fait immoral ne doit pas y produire cet effet.

J'ai fait de ma maison un lieu de débauche. — Si, en louant cette maison, j'impose à mon locataire *la* CONDITION *expresse de* MAINTENIR *cette destination.....;* le bail sera nul. — Mais, si ce n'est qu'une simple *invitation*, le locataire *n'est pas* LIÉ. Ne l'étant pas, il est censé ne pas vouloir se rendre complice de mon immoralité. Il n'a pas besoin de demander la nullité du contrat, pour donner à ma maison une autre destination. Si je demande cette nullité il m'opposera, non seulement ma propre turpitude, mais, avec plus de force, son intention pure de toute complicité.

2° — Que faudrait-il décider dans le cas où, déférant à mon invitation, le locataire aurait maintenu cette destination......? Le bailleur pourrait-il se prévaloir de la consommation du fait immoral pour demander la nullité du contrat.... ? Ce contrat, valable *ab initio*, sera-t-il nul *ex post facto ?*

Le bailleur, dans ce cas, est recevable, selon nous, à en demander la nullité. — Le fondement de cette nullité, dans l'article 1172 lui-même, n'est-il pas dans la complicité actuelle de celui qui accepte la condition immorale ? L'exception que le locataire peut opposer au bailleur qui demande la nullité, tant que la condition n'est pas réalisée, ne repose-t-elle pas sur la présomption qu'il s'abstiendra de cette complicité ?

Dira-t-on que le bailleur, devenu plus coupable par la consommation du fait immoral, ne mérite aucune faveur ; qu'il ne peut invoquer sa propre turpitude...... ? — La loi laisse, pourtant, à son repentir cette voie de retour. — Ne valide-t-elle pas, dans le cas même d'une condition rigoureuse, l'exception de nullité opposée par le donateur lui-même au donataire qui a réalisé la condition ? — Cette raison n'a pas moins de force dans l'espèce d'un contrat intéressé : parce que l'invitation expresse qui est un commencement de preuve *écrite* et *l'exécution du fait* immoral, qui sert de complément à cette preuve, sont plus que suffisants pour établir le vice du motif déterminant. — Peut-on exiger une plus haute certitude de l'immoralité du contrat que celle qui se révèle, tout à la fois, par les *termes* de l'acte et *l'exécution* même du fait immoral ?

PARAGRAPHE DEUXIÈME.

DES PRINCIPALES CAUSES ET CONDITIONS ILLICITES
CONSIDÉRÉES COMME FONDEMENT DE NULLITÉ.

D'après la combinaison des articles 6 , 1131, 1133, 1172 et 900, tout *fait*, cause ou condition, est *illicite* lorsqu'il est *contraire à l'ordre public* ou *aux bonnes mœurs*.

Quels sont les faits empreints de ce caractère ?

Ils sont aussi nombreux et aussi variés que les passions qui agitent le cœur humain. — On peut, cependant, établir quelques distinctions générales, fondées sur la nature et l'objet des lois dont ils blessent l'autorité.

Examinons :

1º — Les causes ou conditions contraires à *l'ordre religieux ;*

2º — Celles qui sont contraires *à l'ordre moral;*

3º — Celles qui sont contraires *à l'ordre politique ;*

4º — Celles qui sont en opposition avec les lois fondamentales *de l'ordre civil ou privé.*

I

CAUSES ET CONDITIONS CONTRAIRES A L'ORDRE RELIGIEUX.

1º *Principes :* — De toutes les lois fondamentales de l'ordre social, celles de la religion sont, sans contredit, les plus immuables et les plus sacrées ; celles dont l'infraction exige la plus rigoureuse sanction.

« C'est, principalement, de ces lois qu'il est écrit « qu'en les violant, on ébranle les fondements de la « terre ; après quoi, il ne reste plus que la chute des « empires. » (Bossuet, polit. tirée de l'*Ecriture sainte*, page 20).

Si telle est leur importance, en effet, que, par la religion seule, le sujet reste véritablement uni au pouvoir dans l'état politique, comme dans l'état de famille, type primitif et générateur de la société civile..., si la religion peut, seule, affermir ce lien, auquel se rattachent tous les éléments de l'organisation sociale, en légitimant l'autorité du pouvoir et sanctionnant l'obéissance corrélative du sujet....., toute nation, qui lui est redevable, par cette double sanction, de son existence politique et morale, lui doit, elle-même, une protection solennelle et efficace, dans sa constitution publique.

Toutefois, si la religion est *une*, comme la vérité qui en fait le fond; si, de sa nature, elle est *exclusive*, *intolérante* même....., il n'appartient pas à la loi *civile* de sanctionner ces caractères d'une manière absolue. — Son autorité temporelle expire aux portes du sanctuaire. Dans le for extérieur, la constitution publique ne peut, exclusivement, protéger le *fait* d'une seule religion, sans s'exposer à tous les dangers d'une violente réaction. — Quant à la *vérité* d'une seule religion, la puissance temporelle n'a pas mission de Dieu pour la proclamer.

Aussi, l'article 5 de la charte constitutionnelle de 1830 seborne-t-il à déclarer, en principe, l'indépendance et la liberté des diverses *communions religieuses* et accorde-t-il à leur culte une *égale* protection.

Est-ce à dire que la loi reconnaît et protège les idées religieuses de tel ou tel *individu*, envers et contre les religions *établies* professées par une fraction, plus ou moins considérable, des sujets de la nation.....? — Non, sans doute; si tel était l'esprit de la loi, si elle s'attachait aux opinions individuelles, elle n'aurait point de base fixe; ou plutôt, elle attaquerait la société par sa base qui est la *religion établie*, puisque, en consacrant *l'indifférence* religieuse, elle donnerait l'issue à toutes les doctrines subversives.

Il faut, donc, admettre en principe : que la charte

a voulu maintenir l'autorité des religions établies, que la loi civile protège, comme objet d'un culte public.

Elle consacre une conséquence de ces principes, lorsqu'elle n'accorde de traitement, sur le trésor public, qu'aux ministres des cultes chrétiens et du culte israélite.

2° — L'article 6 du Code Napoléon, en réprouvant toute *convention contraire aux lois d'ordre public*, doit être entendu dans le même esprit.

Mais, entre ces deux termes : UNITÉ *exclusive* de religion....., — INDIFFÉRENCE *absolue* de religion..., où doit commencer la sanction de nullité qui frappe les conventions qui portent atteinte aux lois immuables de la religion....? Où doit cesser la tolérance *relative* des lois politiques, pour faire place à l'action répressive...? — Une considération tend à restreindre la trop grande latitude des termes de l'article 6 : La loi civile est incompétente pour juger de la *vérité exclusive* des religions et la société serait, d'ailleurs, trop gravement compromise, si, pour un intérêt purement *pécuniaire*, le dogme religieux devait être, fréquemment, livré aux discussions orageuses et intéressées du barreau.

3° — Nul doute, cependant, quant à la nullité d'une convention ou d'une libéralité qui aurait pour objet

de renverser, à *force ouverte*, l'une des religions établies...... — Cet acte serait illicite, même à l'égard
d'une opinion individuelle ou professée par un certain
nombre d'adeptes. La loi réprouve toute violence.

Mais, que décider à l'égard d'une convention, dont
l'objet *exclusif* serait de former une ASSOCIATION *afin
d'attaquer et de renverser une religion* ÉTABLIE, par
la publication de doctrines qui lui seraient essentiellement contraires.....? Nous n'hésiterions pas à en pro-
noncer la nullité, au moins dans le cas où un tel motif
serait exprimé dans l'acte. — En vain objectera-t-on
la latitude donnée, aujourd'hui, à la liberté de conscience et de la presse. Il ne s'agit pas, ici, de défendre
la libre discussion des doctrines ; mais de prévenir les
suites d'un *acte*, auquel l'impiété donne une destination coupable et subversive de l'ordre public. Il
s'agit de protéger la liberté de conscience elle-même,
en accordant la nullité à celui dont la volonté a con-
couru à cette œuvre d'impiété et dont le repentir le
porte, ensuite, à demander la nullité de son engage-
ment. La justice peut-elle repousser son action, sans
se rendre elle-même complice....? Valider ou sanctionner une coalition, qui tend à renverser une religion que la loi reconnaît ou tolère, qu'elle protège...! ne serait-ce pas une contradiction...?— Il y
a, véritablement, *cause illicite*, dans l'acte où un tel

motif est exprimé. Nous ne comprenons pas qu'à l'aide d'un vain prétexte de liberté religieuse et de tolérance politique, on put en soutenir la validité, contre le demandeur en nullité, qui voudrait dégager sa conscience. — Liberté de *publication*, si l'on veut, sauf l'outrage incriminé......; non liberté D'ASSOCIATION contre les cultes établis : ce serait allumer la guerre.

4° — Quant aux *conditions* contraires à la liberté religieuse, dont la nullité doit, encore, se concilier avec la tolérance relative des lois politiques et avec l'égalité de protection que ces lois accordent aux religions établies, il faut distinguer :

Les conditions *exclusives de toute religion ou d'une religion reconnue par la loi*;

Et celles qui ne sont que *restrictives de la faculté du choix*, entre deux religions, qui jouissent de la même protection politique.

En principe, les ūnes et les autres sont également nulles. — Mais, *dans l'application* et tandis que la nullité des premières s'étend à tous les cas sans exception, les secondes peuvent être validées, quand elles sont justifiées, par la moralité des motifs de celui qui les impose.

Quant aux premières, seraient illicites et toujours

nulles la condition *de ne professer* AUCUNE *religion établie....*, la donation *pour fonder une religion* NOUVELLE.,. etc. Tandis qu'au contraire, la condition, imposée à celui qui ne professe aucune religion *de rentrer dans telle religion* qu'il professsait autrefois, essentiellement morale, devrait être validée. — Contester la nullité de la première de ces conditions ou la moralité et la validité de la seconde, n'est-ce pas dire que la loi, sous le vain prétexte d'une liberté de conscience *illimitée*, consacre, en principe, une indifférence *absolue* en matière de religion? La tolérance des lois politiques peut-elle aller jusque-là?

Serait encore réputée non écrite, en règle générale, la condition qui détruit *la faculté du choix* entre deux religions établies ou, même, dans chacune d'elles, entre les diverses professions qui s'y rattachent (de prêtre catholique, de religieux, de ministre protestant, de rabin, de simple fidèle,.... etc.). — Dans cette catégorie, rentrent la condition de *changer de religion* et celle *de vivre et mourir dans la religion catholique.* (Arr. C. imp. de Colmar, 9 mars 1827, D. p. 28, 2. 32. — Durant. t. VIII, n° 140).

5o — Mais, dans l'application, avons-nous dit, ces conditions, simplement restrictives de la faculté du choix, peuvent être validées, dans certains cas.

La raison de cette exception est manifeste, par exemple, dans les trois cas suivants :

PREMIER CAS.

Condition, imposée PAR *le père ou la mère, d'élever les enfants dans telle religion , plutôt que dans telle autre.*

Cette condition imposée, par le donateur, AUX *père et mère*, serait nulle ; parce qu'elle entrave l'exercice de la puissance paternelle, dont l'indépendance doit leur être garantie, surtout, en ce qui touche l'éducation *religieuse* des enfants, qui en est la prérogative la plus essentielle..... Mais, c'est un père, qui, pour protéger l'avenir de ses enfants contre les tendances de leur mère, fait un legs à celle-ci, sous la condition : *de ne pas détourner les enfants de la religion* DANS LA QUELLE ILS SONT DÉJA ÉLEVÉS... — La mère qui aurait, au mépris de cette volonté, suspendu ou détourné l'éducation religieuse commencée, ne pourrait-elle pas, selon les circonstances, encourir la révocation du don, qui lui a été fait dans un but aussi moral......? N'est-il pas naturel que la sollicitude d'un père mourant s'étende, au delà de la mort, sur l'avenir de ses enfants.....? Par rapport à ces derniers, la tutelle déférée à la mère n'est-elle pas *une suite et un complément de la puissance paternelle*, à l'exercice de laquelle la mort est venue mettre un terme pour le père....? Il y aurait, sans doute, de la part de la mère, une certaine immoralité à détruire l'ouvrage de cette puissance.

La même distinction serait applicable à la condition imposée, par le dernier mourant des père et mère, au tuteur légitime ou élu des enfants.

DEÚXIÈME CAS.

Condition d'embrasser l'état religieux.

La validité exceptionnelle de cette condition peut, encore, se soutenir, par l'intention morale de celui qui l'impose.

Nul doute, à cet égard, lorsque, faisant dépendre la libéralité de la situation du donataire, afin de proportionner sa bienfaisance aux besoins de ce dernier, le disposant a voulu, simplement, lui faciliter les moyens de réaliser sa vocation . . . . . — Aussi, a-t-on déclaré révoqué, *pour inexécution de la condition*, un legs fait à un jeune homme *qui* SE *destinait à l'état ecclésiastique*, (et qui, plus tard, s'était marié), pour lui servir de titre clérical, dans le cas où *il persisterait dans la même intention;* avec clause de révocation s'il n'entrait pas dans les ordres sacrés. — On a validé cette condition, comme ne portant pas directement atteinte à la liberté religieuse du légataire. (Ar. C. imp. de Grenoble, 22 décembre 1825. D. p. 26, 2. 83.—Dur. t. VIII, nᵒ 138).

Mais, si le disposant a voulu, manifestement, inviter à l'état religieux la personne gratifiée, la question devient plus sérieuse. — Ricard, soutient, alors, la nullité de la condition. — Bergier son annotateur et Furgole la déclarent valable.

Il est vrai, comme le dit Ricard, qu'elle peut influencer la liberté dont chacun a besoin pour suivre sa vocation et cette considération sera, souvent, un moyen puissant de fonder la nullité.... —D'un autre côté, il est certain que la condition dont il s'agit n'a rien d'immoral *en elle-même*; car elle tend à une bonne fin; et que l'on ne peut établir, comme règle absolue, une présomption défavorable qui suspecterait la sincérité des vocations religieuses..... Dieu ne se sert-il pas, lui-même, de moyens humains, qu'il sanctifie par sa grâce, pour appeler l'homme au saint ministère ....? Cette influence présumée est-elle, d'ailleurs, de nature à appeler toujours l'anathème de la loi contre de telles conditions, lorsque la démoralisation de notre époque présente tant d'obstacles à la vocation de Dieu....?— Quand il s'agit, surtout, *de l'état religieux*, comment soutenir que le donataire ou légataire a cédé à des vues intéressées? Est-ce un motif de cupidité qui l'a déterminé, par exemple, à se faire *trapiste*; lui, qui fait vœu de de *pauvreté*, en entrant dans son ordre qui est, alors, seul et véritable donataire ?

Troisième cas.

Condition de ne pas embrasser l'état religieux.

Cette condition est, généralement, nulle.— La vocation divine est une loi non moins sacrée que celle du mariage; puisqu'elle est le principe générateur de la société spirituelle, dont les prêtres sont les ministres indispensables et dont les fondations religieuses sont comme les soutiens. S'il importe de favoriser cette double vocation, c'est, sans doute, dans un siècle où le débordement des mœurs envahit toutes les classes de la société et où les ennemis de l'ordre prodiguent au sacerdoce le mépris, les persécutions ou, ce qui est pire encore, le froid dédain de l'indifférence religieuse....

Si ces obstacles doivent faire suspecter difficilement la sincérité d'une vocation religieuse, ils doivent servir, aussi, à légitimer l'intention d'en éloigner la personne gratifiée, quand l'auteur de la libéralité l'en juge, avec raison, indigne ou incapable.— La moralité de cette intention se découvre par les termes de la disposition elle-même, ou bien, par les circonstances : la situation respective des personnes, le caractère et les principes bien connus du disposant, l'inconduite et le caractère du donataire.... etc., etc.— Cette intention prouvée, pourra, donc, faire valider la condition.

II

CAUSES ET CONDITIONS CONTRAIRES A L'ORDRE MORAL.

— 1° —

Du concubinage
considéré comme CAUSE *illicite des libéralités.*

Parmi cette foule de *causes* illicites qui peuvent blesser l'ordre moral, il en est une dont l'importance a soulevé de vives controverses dans la chaire et dans la jurisprudence.— Nous voulons parler du *concubinage.*

Cette cause permanente de libéralités honteuses blesse, tout à la fois, les bonnes mœurs et les lois constitutives de la famille. Telle est la funeste influence de cette passion aveugle et tyrannique, que le législateur a dû rattacher à cette cause, par une présomption *de plein droit*, toutes les libéralités faites entre concubins, par cela seul que le concubinage reste *prouvé.*

L'empereur Domitien avait déclaré la femme adultère incapable de recevoir à titre d'institution ou de legs, (Tot. tit. c. de inces et inutil. nup.), et ce fut, disent les historiens, pour mettre un frein à la licence des pères de famille qui dépouillaient leurs enfants pour enrichir les complices de leurs débauches. (Alexander ab Alexandro. gen. dier. lib. vi. c. 15.— Valer. max. l. vii. c. 7. de vitilio Lenone et lib. viii. c. 2. de L. Vaffellio).

S'il fut permis, à Rome, aux concubins, de se donner, par disposition gratuite, des preuves mutuelles de leur affection, (l. v. ff. de don. l. iii § *videamus*. . . — L. xviii. ff. de don. inter vir et uxor, — l. lix § item inter est. . . . . ff. de leg. 3), il faut considérer que le concubinat, *entre personnes libres*, n'avait rien d'illégitime ; c'était un mariage moins solennel que les *justes noces*. — Néanmoins , lorsque le disposant avait sa mère ou des enfants, sa concubine ne pouvait recevoir au delà d'un *vingt-quatrième* de ses biens. (Const^s des emper. arcad. et honor. l. ii. c. de nat. lib.).

La loi évangélique, qui vint épurer toutes les institutions sociales, a dit : *hæc est voluntas domini ut* ABSTINEATIS A FORNICATIONE. . . — Dès lors, plus de distinction entre l'adultère et le simple concubinage également réprouvé. — De là, cette ancienne maxime : « *Don fait en concubinage* NE VAUT, tant entre nobles que roturiers. » (Art. 246 , Cout. de Tourraine).

L'ordonnance de 1629, (art. 132), qui résume l'état des mœurs et de la jurisprudence sur ce point, frappe de nullité toute donation faite entre concubins.

La jurisprudence validait, pourtant, les dons *alimentaires* faits à une concubine qui était tombée dans la misère par suite de ses désordres : Juste réparation du dommage qu'elle avait éprouvé.... (V. Ric. des Don. ch. 3. sect. 8 et les notes de Bergier qui cite de mémorables arrêts.) — A part ce tempérament, la nullité fut, toujours, rigoureusement appliquée et le déguisement des libéralités, loin de les mettre à l'abri de cette nullité, ne servait qu'à élever une grave présomption de la cause honteuse qui les avait inspirées.

Quant à la preuve, la plus grande latitude était donnée. La vie commune, les fréquentations habituelles, les correspondances écrites, l'excès même des libéralités..... etc..., toutes les présomptions étaient admises pour établir le fait du concubinage. (V. les notes de Berg. sur Ric. 1re par. chap. 3, sect. 8. — Merl. Rép. V. Concubinage, n° 5.).

A défaut de présomptions suffisantes et déjà acquises, la preuve testimoniale était, généralement, admise. — Nombre d'arrêts l'avaient, seulement, proscrite dans le cas d'une donation faite à une femme *mariée*, dont le commerce adultère, avec son donateur, avait eu lieu sans éclat scandaleux. (Berg. *ibid.* n°s 195, 196.).

Tels furent les principes de l'ancienne jurisprudence.

Ces principes furent-ils abrogés par la loi du 12 brumaire an ii, fruit d'une immoralité systématique, qui assimila aux enfants légitimes les enfants naturels, appelés, comme eux, à la concession de leurs auteurs..... ?— Cette abrogation résulte-t-elle, encore des lois du 12 brumaire et du 17 nivôse an ii et du 4 germinal an viii, qui ne contiennent aucun texte relatif aux libéralités entre concubins.... ?— Non, dit M. Merlin, et les partisans de cette prétendue abrogation, ajoute-t-il, *ont prouvé qu'ils savaient réduire en problème les vérités les plus constantes et les plus palpables.* (V. Rép. *ibid.*).

Et, pourtant, ce grand jurisconsulte, qui ne peut reconnaître cette abrogation dans le silence de ces lois intermédiaires qui légitimaient le concubinage, la trouve dans le silence du Code Napoléon....!

Le Code Napoléon aurait-il, donc, montré plus de tolérance pour le concubinage.....? Non; car il le flétrit dans une foule de dispositions irritantes..... Les législateurs modernes, dit, encore, M. Merlin, *n'eurent pas moins à cœur que nos pères l'intérêt des bonnes mœurs!*

Est-ce, donc, parce que le concubinage ne peut jamais être cause *illicite* des libéralités faites entre concubins......? — M. Merlin ne va pas jusque-là. Il connait trop bien la portée des articles 6, 1131,

1172 et 900 du Code Napoléon, qui flétrissent, dans les conventions, toute volonté privée hostile *aux bonnes mœurs*. Il dépeint avec trop d'énergie l'empire tyrannique de l'amour charnel, source la plus féconde d'immoralités. — Mais, il restreint la nullité au seul cas où la libéralité serait *expressément* motivée sur les liaisons criminelles du disposant et de son donataire. — Hors de là, il n'est pas permis, selon lui, d'établir que la cause est contraire aux bonnes mœurs.

Le Code Napoléon, dit-il, ne contient aucune disposition expresse relative à *l'indignité* des concubins et les anciennes lois ont été comprises dans l'abrogation collective de l'article 7 de la loi du 30 ventôse an XII. — L'article 902 du Code Napoléon ne reconnait d'autres *incapacités* que celles prévues par la loi en vigueur...; — Enfin, l'esprit de la loi nouvelle réprouve les inquisitions testimoniales, également injustes et odieuses.

Tel est, en substance, le système accrédité par l'autorité de M. Merlin. Système qui ruine, de fond en comble, tout l'édifice de l'ancienne jurisprudence et permet, désormais, au concubinage le plus notoire et le plus scandaleux, d'appauvrir les familles et de dévorer la substance des enfants légitimes. — Il rend illusoire la nullité pour tous les cas sans exception.

Quel est le libertin assez éhonté pour laisser, dans l'acte de libéralité, l'empreinte de sa turpitude et de son deshonneur....? Quelle est la concubine assez peu vigilante pour ne pas en faire dissimuler la cause....?

Si le concubinage est le genre d'immoralité le plus commun et le plus funeste, n'est-ce pas, principalement, les actes qui en sont le fruit, que la loi frappe de nullité, dans les articles 6, 1131, 1133, 1172, et 900....? — On ne peut réduire cette nullité à un cas illusoire, sans méconnaître la raison dominante de tous ces textes.

Les anciennes lois sur les dons entre concubins sont abrogées, dites-vous....? — Non; car l'article 7 de la loi de ventôse an XII n'abroge que les anciennes lois *qui n'ont pas été sanctionnées par le Code Napoléon*. Or, les articles précités frappent de nullité toutes dispositions *contraires aux bonnes mœurs* et nul n'oserait prétendre que le concubinage n'est pas une cause contraire aux bonnes mœurs; donc l'ancienne loi, qui prononce la nullité, revit dans les articles 6, 1131, etc..., et n'est point abrogée. — Par cela même que ces dispositions sont *générales*, elles s'en référent à l'ancienne jurisprudence quant aux règles d'application.

L'article 902 n'est point en opposition avec cette

jurisprudence ; autrement, il faudrait dire qu'il est contraire aux dispositions précitées. — D'ailleurs, ce texte n'est relatif qu'aux *incapacités* proprement dites. Or, l'incapacité et la *cause illicite* sont deux vices bien distincts, dans toute convention.... — Sans doute, le concubinage est une passion qui altère la liberté et constitue, souvent, une véritable affection mentale....; mais, abstraction faite de ce caractère, la cause illicite reste, toujours, comme vice radical de la disposition, pour la faire annuler.

M. Merlin ne peut le contester, du reste, puisqu'il admet la nullité lorsque la libéralité, étant *expressément* motivée sur le fait du concubinage, ne permet pas de douter de la cause illicite... — Mais, en restreignant la nullité à ce seul cas, il exclut la présomption légale qui faisait, autrefois, dépendre cette nullité de la seule preuve du fait du concubinage.

Faut-il donc répéter que la généralité des textes du code Napoléon, qui confirment les principes de l'ancienne jurisprudence, implique, virtuellement, le maintien de cette présomption....? — Est-il une présomption plus naturelle, plus morale et plus logique que celle qui s'induit d'une passion dominante qui aveugle l'intelligence, enchaîne la liberté, étouffe les affections de famille et fait oublier les devoirs les plus sacrés....? — N'est-elle pas plus puissante, de sa nature, que celle qui sert de fondement à la nullité des dons faits au tuteur par les pupilles, aux médecins par les malades, aux confesseurs par les pénitents...? (907, 909 C. Nap.). — Est-elle moins raisonnable, moins nécessaire, surtout, que la suspicion légale qui frappe les libéralités adressées à l'époux légitime, lui-même, durant le mariage...? (1096). — Ici, la cause est pure et la loi craint, pourtant, l'excès d'une affection *légitime*....! Là, c'est le désordre d'une passion coupable....!!

Supprimez cette présomption dans la loi : la société va être exposée aux plus affreux scandales...! La prospérité des familles va s'éteindre dans les plus honteuses profusions...!! (on verra, dans le dernier paragraphe de notre division, quels sont les moyens admissibles pour établir le *fait* du concubinage).

— 2º —

Conditions contraires à la liberté.

De la liberté, dépend la *moralité* de tous les actes humains. — Considérée comme loi fondamentale de l'ordre social et comme élément substantiel de la validité de tout acte, elle est *inaliénable*.

Mais, outre que, naturellement, elle se trouve déjà limitée par les devoirs issus des rapports qui unissent l'homme à Dieu et à ses semblables, il est permis à chacun de *restreindre* sa liberté, lorsque

cette restriction n'a rien de trop absolu et qu'elle se
se justifie par un motif raisonnable.

Toute condition est contraire *aux bonnes mœurs,*
lorsqu'elle détruit cette liberté, c'est-à-dire, lorsqu'elle impose l'obligation de *faire* ce qui est défendu
par les lois prohibitives de la morale ou de *ne pas
faire* ce qu'elle prescrit impérieusement. . . . . ; *de se
venger d'un ennemi. . . . . , de publier des ouvrages
dont l'obscénité blesserait l'honnété publique. . . . . ,
de ne pas cohabiter avec son épouse. . . . . , de ne pas
se réconcilier avec ses ennemis. . . . ,* etc. , etc.

Chose remarquable ! il semble que l'homme ne
puisse pas même licitement aliéner la liberté de mal
faire. . . . . : des stipulations qui auraient pour objet
de se faire accorder une rétribution pécuniaire *pour
s'abstenir de commettre un crime, un fait essentiellement immoral,* seraient nulles. — Par exemple :
*Pierre s'oblige de payer à Paul une somme de mille
francs, à condition que ce dernier s'abstiendra de toute
violence sur le donateur. . . . ,* ou *de l'insulter publiquement. . . . . ,* etc. — L'accomplissement des devoirs
qu'impose la loi ou la morale ne souffre aucune
compensation. La vertu achetée à prix d'argent,
n'est plus vertu.

Quant à la liberté de faire ou de ne pas faire ce
qui ne touche ni au précepte ni à la défense, on

conçoit que la sévérité de la loi doit être propor-
tionnée à la gravité des restrictions apportées à la
liberté morale et que cette gravité dépend, elle-même,
de l'importance des actes auxquels se rapporte la
condition.

En règle générale, toute condition qui paralyse
une des *facultés* de l'homme *dans une* GÉNÉRALITÉ
d'actes, est illicite et doit être annulée. — Si, au
contraire, elle est moins restrictive; surtout, si elle
est limitée à un objet déterminé, elle peut être validée; mais, il faut qu'elle se justifie, encore, par la
moralité du motif qui l'a inspirée. — La solution de
toutes les difficultés dépend de la combinaison de ces
deux principes.

Vérifions leur application.

L'obligation ou la condition *de ne pas écrire*...., —
de ne pas acquérir d'immeubles...., — *de ne pas
aliéner ses biens....*, — *de ne pas faire de testament....*, — *de soumettre tous les actes de la vie
civile à la volonté d'un conseil....*, etc., etc....,
seraient illicites.

Conditions contraires à la liberté du mariage.

La liberté, essentielle à la moralité de tous les actes

humains et à la validité de toutes les conventions, l'est, surtout, quand il s'agit du mariage, contrat le plus parfait de sa nature et le plus éminent dans son objet, puisqu'il identifie la personne toute entière des époux.... — Toute condition tendant à détruire cette liberté ou, même, à l'altérer, par une restriction trop grave de la faculté du choix, est *contraire aux bonnes mœurs*.

La loi du 5-12 septembre 1791 et celle du 5 brumaire an II proscrivaient, *absolument*, toutes conditions restrictives de la liberté du mariage. Mais, leur abrogation, par la loi du 30 ventôse an XII, a permis d'établir des distinctions au moyen desquelles la jurisprudence concilie l'intérêt des bonnes mœurs avec la liberté des conventions, en validant la condition, lorsqu'elle se justifie par la moralité de ses motifs.

On valide, ainsi, la condition *de ne pas se marier* AVANT UN CERTAIN TEMPS, à moins que l'époque ne soit trop reculée (Dur. t. VIII n° 122)......;— celle *de ne pas épouser une personne de* TEL LIEU OU DE TELLE VILLE (*ibid.* n° 123).....;— celle *de ne pas s'unir à une personne* DE MAUVAISES MOEURS, dont l'immoralité notoire serait constatée par une condamnation judiciaire(Delv. t. II, p. 4.—Dur. t. VIII, n° 125), ou par la reconnaissance authentique d'un enfant naturel que la personne désignée aurait eu de son concubinage

avec une personne autre que le donataire ou légataire.
(Induct. Dal. J. V. *Condition*, n° 76.)

Condition DE NE PAS SE REMARIER.== Elle fut déclarée valable, en règle générale, par la novelle 22,
C. 44, qui était suivie, même dans les pays de droit
coutumier; (Dal. J. *ibid.* n° 79).— Mais, quoique sa
validité fut établie en principe, elle était, pourtant,
annulée lorsqu'elle n'avait d'autre objet que de gêner
la liberté des donataires ou légataires (*ibid.* n° 80).

Les lois des 5 brumaire et 17 nivôse an ii, prohi-
bant, *généralement*, toutes conditions *de ne pas se
remarier*, consacrent, par cela même, *en principe*,
leur nullité.

Peu importe que l'on dise que ces deux lois furent
abrogées par les lois subséquentes des 9 fructidor an
iii, 3 vendémiaire an iv et 18 pluviôse an v.— On peut
dire, aussi, que ces dernières sont abrogées par celle
du 30 ventôse an xii et par l'économie de la loi nouvelle qui rétablit le droit des premières, le seul conforme à l'équité naturelle.

L'esprit des articles 6, 1172 et 900, qui réprouvent
la condition *de ne pas se marier*, est incompatible,
en effet, avec celle de viduité imposée au conjoint
survivant.— La vocation du mariage ne s'éteint
pas dans une première union et, souvent, elle n'est

pas moins impérieuse après la rupture d'un premier lien conjugal. Mettre le donataire dans la nécessité d'avoir à opter entre la conservation des biens donnés et le sacrifice de sa vocation , c'est lui inspirer la pensée d'assouvir, dans le libertinage , les penchants qu'il ne peut légitimer par l'union sainte et légale du mariage.

Nous n'admettrions d'exception à cette règle que dans l'intérêt des enfants légitimes du premier lit, dont l'avenir inspire, toujours, au père mourant, de si tendres sollicitudes. — L'appréciation des motifs du disposant, qui dépend des circonstances, est entièrement livrée à la sagesse des tribunaux et met leur décision à l'abri de tout recours en cassation. Mais , pour balancer la présomption d'immoralité qui s'attache à la condition de viduité , il ne faut rien moins qu'un motif de cette importance. Si cette condition, dit M. Duranton, (t. VIII, n° 128), est imposée par pur caprice ou bizarrerie, *sans but utile et raisonnable* , elle sera réputée non écrite.

La distinction que nous venons de développer, s'applique, encore, à la condition *d'épouser une personne désignée...* (Laurens, t. III, n° 507.—Dur. t. 7, n° 125. — Toul. t. V, n° 252. — Grenier t. I, n° 155). — Le disposant, dans ce cas, est censé avoir voulu donner aux futurs époux le moyen de faire prospérer leur famille. Mais, à défaut de ce motif ou de toute autre raison morale, la condition devrait être annulée. (Ar. Corse, 2 juin 1828. Dal. p. 28-2-250).

Conditions contraires à la liberté des professions.

Tous les états sont honnêtes et, plus ou moins, utiles à la société. — Ordinairement, la libéralité, avec condition *d'embrasser* TEL ÉTAT, n'a d'autre objet que de fournir au donataire le moyen de s'y établir convenablement et d'y prospérer. — Mais, la condition doit être réputée non écrite, si l'état désigné n'est nullement en rapport avec l'éducation, la fortune, la naissance et l'aptitude du donataire. — Il est des convenances sociales qui ont comme force de loi et qui se lient, intimement, à l'économie générale de l'ordre moral. Il s'établit, en effet, dans les professions et dans les degrés de la hiérarchie sociale, des rapports plus multipliés, plus doux et plus féconds pour la prospérité publique, entre personnes qui se ressemblent, qui doivent et peuvent se rendre les mêmes services.

III

CAUSES ET CONDITIONS CONTRAIRES A L'ORDRE POLITIQUE.

L'ordre politique et civil est régi par des lois *positives* et résulte de l'obéissance et de la soumission à ces lois.

Les lois politiques déterminent la nature du pouvoir et organisent ses différentes branches, qui sont comme les membres du grand corps de l'État. — Elles règlent les attributions et les devoirs des fonctionnaires publics dans leurs rapports avec le Souverain, qui est, pour eux, le centre de l'unité, ou avec cette foule de sujets que l'autorité doit éclairer, diriger, protéger, récompenser ou punir.

L'ensemble de ces institutions est le fondement de l'État. — La liberté politique de ceux qui en sont les organes, est la garantie suprême d'une bonne administration.

Toute cause contraire à ces lois ; toute condition restrictive de cette liberté, sont, donc, contraires à *l'ordre public*.

1° — Un fait politique, incriminé par les lois *positives* d'ordre public, est signalé comme cause de la libéralité. Une foule de circonstances peuvent établir la relation de ce fait à la cause déterminante de l'acte. — Tel est, certainement, le caractère, des souscriptions qui se font, au grand bruit de la presse, en faveur des condamnés politiques..... Si la nullité ne peut les atteindre, c'est parce que le ministère public n'a pas d'action collective pour les saisir.

— Mais, supposez que l'un des souscripteurs soit poursuivi en payement de la somme pour laquelle il a souscrit. Nul doute qu'il pourra opposer à cette demande l'exception de nullité, pour *cause illicite*.

S'agit-il d'un fait qui n'est pas caractérisé comme délit.....? L'intention coupable du disposant se découvre à l'aide des moyens ordinaires; mais la question de *moralité* reste dans le domaine de l'arbitraire.......... — Faut-il prétendre, qu'en fait de politique, tout ce qui n'est pas délit caractérisé est permis et que les tribunaux civils sont incompétents pour flétrir et paralyser la conséquence d'un fait qui ne ressort pas de la juridiction criminelle.....? La généralité des termes de l'article 1133 répond négativement. Il suffit que le fait déterminant de la volonté soit contraire *aux lois* D'ORDRE PUBLIC pour qu'il y ait, dans l'acte qui en est le fruit, cause *illicite*, conséquemment nullité; cet acte n'eut-il eu pour objet que d'encourager les doctrines d'une opposition essentiellement contraire au Gouvernement établi. Les tribunaux civils ont bien plus de latitude pour juger ce fait *comme cause de la nullité d'un acte* que n'en peuvent avoir les juges criminels pour le flétrir par une sanction pénale.

Il est vrai que l'action du ministère public, dans les cas où elle pourrait avoir lieu contre le fait qui constitue la cause illicite, sera souvent inefficace, à cause de l'impossibilité de découvrir ou de caractériser cette *cause* illicite, que l'esprit de parti sait toujours déguiser avec adresse. — Mais, le scandale serait à son comble, si les personnes, qui ont un intérêt *né et actuel* à la nullité de l'acte, ne pouvaient l'obtenir, lorsque la cause illicite s'y trouve exprimée. —Que la loi tolère la liberté licencieuse de la presse ; cela se conçoit. Elle *tolère* bien d'autres abus, qu'elle ne peut extirper, parce qu'ils sont trop profondément enracinés dans nos mœurs et qu'elle subit, dès lors, comme une facheuse nécessité..... — Mais de ce que la loi souffre la libre discussion des doctrines, s'en suit-il que *la justice* doive les consacrer toutes, même celles qui portent une atteinte directe à une loi fondamentale......?. — Elle ne peut, au moins, sanctionner une *convention* hostile au Gouvernement, en écartant la demande en nullité des parents dont les droits légitimes sont indignement sacrifiés à l'esprit de parti.

2° — En réprouvant toutes *conditions contraires* AUX LOIS, l'article 900 embrasse toutes celles qui sont contraires à l'ordre politique. — Telle serait la condition *de renoncer à toutes fonctions publiques* ou à *telle fonction.....* , *à l'exercice des droits politiques* garantis, par la constitution, aux citoyens.... ; — Celle *de prendre une cour souveraine pour unique juge en premier et dernier ressort....* ; ou *un Tribunal civil pour juge d'une cause criminelle* et VICE

VERSA... etc. — L'exercice des droits politiques est un véritable devoir envers la nation et il ne peut dépendre de la volonté des justiciables de bouleverser l'ordre des pouvoirs judiciaires, ni des membres de cet ordre de changer la nature ou de dépasser les limites de leurs attributions.

On peut ranger dans cette catégorie, les conditions de nature à faire revivre les droits féodaux.

La distinction précédemment établie, pour justifier la validité exceptionnelle des conditions qui touchent à l'ordre religieux ou moral, trouve encore ici son application. — Ainsi, la condition *de solliciter et d'obtenir tel emploi* peut être validée, lorsqu'elle est inspirée par une louable ambition et que le disposant n'a eu d'autre but que de faciliter au donataire les moyens d'occuper cet emploi d'une manière plus honorable.

IV

CAUSES OU CONDITIONS CONTRAIRES A L'ORDRE PRIVÉ.

—

1° — A l'exception des lois positives qui se rattachent à l'ordre politique, toutes les autres appartiennent à *l'ordre civil* et rentrent dans la généralité des termes de la loi qui proscrit toute condition contraire « *aux lois*. » (900) .

Faut-il conclure de la généralité de cette expression , que toute condition contraire à une loi *civile* quelconque doit être réputée non écrite?

Non, assurément : L'article 900 dit pour la condition, ce que l'article 1172 dit pour les conventions. Mais ces textes doivent se concilier avec l'article 6, qui leur sert de fondement. Or, ce texte ne prohibe que les conventions contraires aux lois *d'ordre public*.

Mais quelles sont les lois *d'intérêt privé* qui tiennent, directement à l'ordre public.... ? Toutes n'ont-elles pas une fin commune , qui est l'ordre dans la société et le bonheur de la nation.... ? Dira-t-on que ces mots *d'ordre public* sont, ici, en opposition avec l'ordre privé....; Qu'il faut distinguer , pour fixer le sens des articles 6 , 1172 et 900, les lois qui ont en vue *l'intérêt général*, de celles qui n'ont pour objet que *les intérêts privés de certains individus*..... ?

Mais, toutes les lois ne sont-elles pas faites pour la généralité des sujets et pour tous les temps..... ? — Ces distinctions sont, donc, insuffisantes.

Pour sortir du vague ou nous laisse le sens indé-
fini des termes de la doctrine des auteurs ou des
arrêts, il faut remonter à des principes plus élevés.

Toutes les lois ne sont que des conséquences, plus
ou moins éloignées, de la loi naturelle; mais, la
lumière qui jaillit de cette source féconde s'affaiblit
et l'importance des lois diminue, graduellement,
dans le développement progressif de leur application.

Ces conséquences ne reçoivent plus qu'un pâle
reflet de la loi naturelle, lorsque les rapports nou-
veaux, que le mouvement incessant de la civilisation
fait éclore, s'éloignent des rapports qui font l'objet
primitif et essentiel de la loi. — Aussi, leur faible
importance permet-elle, souvent, d'y déroger, sans
que l'ordre social en soit troublé.

2° — Pour savoir, donc, quelles sont les lois aux-
quelles on peut déroger par des conventions ou des
conditions, distinguons, avec Domat, celles qui sont
immuables de celles qui sont *arbitraires*, c'est-à-
dire, qui ne peuvent obliger le sujet malgré lui.

Ni les lois qui tiennent à l'ordre religieux ou moral, ni celles qui tiennent à l'ordre politique, ne
sauraient dépendre de la volonté arbitraire d'un individu : la volonté *privée* ne pouvant prévaloir contre la
volonté de Dieu qui a établi les premières, ou contre
celle du Souverain qui a consacré les secondes.

Quant aux lois qui règlent des rapports privés et des intérêts purement matériels, il en est qui participent de cette immutabilité, parce qu'elles sanctionnent, *a priori*, des rapports sociaux, des droits et des devoirs qui tiennent à la nature de ces rapports.

Telles sont, dans le Code Napoléon, les lois relatives à *l'état des personnes*, à la *puissance maritale, paternelle, tutélaire*.. etc., qui ne sont que le développement des liens naturels de famille.....; — Celles qui déterminent les *principes fondamentaux de la propriété, de l'ordre des successions*.....;— Celles qui prescrivent *certaines formes pour la validité de certains actes*, afin de prévenir la mauvaise foi dans les conventions, d'en certifier l'existence ou de faciliter le cours de la justice.....;— Telles sont, encore, les lois *de police* ou *pénales*, qui ne sont qu'une confirmation ou une sanction des lois d'ordre politique, moral ou religieux.

Toutes ces lois sont D'ORDRE PUBLIC et ne sont pas arbitraires. Elles sont, en général, ou *impératives* ou *prohibitives* ; au lieu que les lois arbitraires sont *facultatives* et n'ont trait qu'aux intérêts pécuniaires.

Il ne suffit pas de considérer une loi dans ses premiers fondements, pour en conclure que toutes ses dispositions sont d'ordre public. Souvent, une loi consacre , dans ses dispositions fondamentales , un principe naturel et, cependant , établit, dans ses dispositions secondaires , des règles purement facultatives .

A l'aide de la distinction que nous venons d'établir, il est aisé de résoudre , dans l'application , toutes les difficultés qui peuvent naître au sujet des causes ou des conditions que l'on doit regarder comme essentiellement contraires à *l'ordre privé*.

PARAGRAPHE TROISIÈME.

PREUVE DE LA CAUSE ET DE LA CONDITION ILLICITES.

1° — La cause ou la condition illicite est-elle *exprimée* dans l'acte.... ? Il ne peut y avoir de doute et de discussion que sur *l'immoralité* du fait signalé comme principe de la disposition ou de la clause conditionnelle. Mais, cette impudence est très-rare. L'orgueil anti-religieux ou philosophique et l'esprit de parti en sont seuls capables.

Si la cause ou la condition *n'est exprimée*, les personnes intéressées à la nullité , *peuvent se fonder sur les présomptions graves, précises et concordantes résultant de faits certains, avec ou sans commencement de preuve écrite. La preuve testimonial celle-*

même peut être, *alors*, *invoquée*, *comme* COMPLÉMENT *de preuve*. — La loi admet, généralement, toutes sortes de preuves et de présomptions, lorsqu'il s'agit d'établir l'existence des délits ou des quasi-délits, du dol et de la fraude, invoqués comme vice ou cause de nullité des conventions. L'on doit, donc, appliquer, ici, les principes qui règlent l'action en fraude et tous les cas d'exception prévus par les acticles 1348 et 1353 du Code Napoléon. — Ainsi, Paul, afin de témoigner à Pierre sa reconnaissance pour les services qu'il en a reçus lui donne 200,000 francs « *à* « *la* CONDITION *expresse et rigoureuse d'employer une* « *moitié de ce capital à faire bâtir un bel hôtel au* « *centre de la ville, dans un délai de dix ans.* » — Après ce délai, le donataire n'ayant pas accompli cette condition, on intente contre lui l'action en révocation.... Il est admissible, pour écarter cette action, à prouver, *par les moyens sus-indiqués*, que, dans la condition imposée, le donateur a voulu seulement assurer à la prostitution une demeure plus somptueuse, etc., etc... Cette preuve faite, *la condition illicite*, seule, serait annulée, c'est-à- dire, réputée non écrite. — *Les mêmes moyens*, encore, seraient admissibles pour établir que ladite somme de 200,000 francs n'a été donnée QU'AFIN de *récompenser le donataire* D'AVOIR PUBLIÉ *des ouvrages obscènes*.... Et cette *cause illicite* prouvée, l'entière libéralité serait annulée.

Les présomptions et la preuve testimoniale sont donc admissibles pour établir, à la fois, *le fait* IM-MORAL *et* L'INTENTION.

Quand le *fait immoral* auquel se rattache la cause ou la condition illicite, est NOTOIRE, les présomptions et les témoignages invoqués pour dévoiler l'inten-tion coupable qui a voulu récompenser ou encou-rager ce fait, sont encore plus favorables. Le mal *est fait*. L'induction du fait à l'intention coupable doit trouver un accès plus facile.

Au contraire, *lorsque le fait certain et détermi-nant de la volonté est essentiellement* MORAL EN LUI-MÊME, *on ne saurait incriminer* L'INTENTION *du dispo-sant*, pour arriver à la nullité. La loi ne peut subor-donner ainsi le sort des libéralités à de simples conjectures. Ce serait livrer les intentions les plus pures aux efforts d'une basse cupidité..... — Aussi, ne pouvons-nous approuver cette étrange décision du Conseil d'État qui annulla, dans le testament du dernier des Condé, les legs qu'il avait fait aux des-cendants des compagnons de son exil.

L'impiété, l'improbité, la licence, l'esprit de parti..... etc., sources les plus fécondes des dispo-sitions immorales, cachent, ordinairement, leur turpitude..... Interdire les preuves imparfaites qui, seules, peuvent les dévoiler et les atteindre, ce serait leur assurer l'impunité. — Le juge, toutefois, devra se montrer d'autant plus difficile sur leur admissibilité, que l'honneur des tiers s'y trouverait plus gravement impliqué et que les présomptions déjà acquises seraient moins graves.

2° — Ces principes étaient appliqués, par l'ancienne jurisprudence, relativement aux dons entre concubins. — La preuve testimoniale était reçue, sans commencement de preuve écrite, par cela seul que le concubinage était signalé comme cause de la disposition. (V. les notes de Bergier sur Ricard, Ire part. chap. 3, sect. 8e, n° 405).

En réduisant la nullité au seul cas où le disposant a, *expressément*, motivé la libéralité sur le fait du concubinage, M. Merlin exclut, avec tout autre genre de preuve, la présomption de droit qui faisait dépendre cette nullité de la certitude du fait.

Mais, il est démontré que les articles 6, 900, 1131 et 1172, dans leur généralité, impliquent, virtuellement, le maintien de cette présomption, qui se justifie, d'ailleurs, par sa nature et par le rapprochement des articles 907, 909 et 1096 du Code Napoléon et que l'on ne saurait induire l'abrogation des anciens principes ni de l'article 7 de la loi du 30 ventôse an XII, ni de l'article 902 du nouveau Code.

Sur quel fondement M. Merlin a-t-il, donc, contesté, encore, la vertu et le maintien de cette présomption légale... ?

« En l'absence de toute loi positive, dit-il, comment « parviendrez-vous à établir que la libéralité *est con-* « *traire aux bonnes mœurs* ? Direz-vous que le disposant l'a faite pour récompenser les complaisances « de sa concubine ou pour en obtenir de nouvelles ? « Mais, qui vous a révélé le secret de son intention ? « Quelle preuve avez-vous qu'il n'est pas déterminé « par la reconnaissance des services que cette femme « lui a rendus et qui n'ont rien que d'honorable « pour elle.....? Où est le texte de loi qui doit faire « prédominer le motif immoral sur celui qui est « honnête ? »

Est-il besoin d'un texte pour induire, d'après les règles de la logique et du droit commun, la conséquence d'un principe d'ordre social consacré par une disposition *générale*; conséquence mille fois appliquée par l'ancienne jurisprudence ? Il ne faudrait rien moins qu'un texte formel, au contraire, pour la repousser. — M. Merlin ne reconnaît-il pas, lui même, que l'amour charnel est la plus aveugle des passions; celle dont l'influence peut le plus altérer la liberté et les facultés intellectuelles de l'homme ? Est-il possible, sans cette présomption, de défendre la famille et la société contre les profusions et le scandale du concubinage... ?— Vous supposez *des services rendus* que le concubin donateur a voulu récompenser.....? Vous pouviez supposer, aussi, *des torts réels* qu'il a entendu réparer. Mais, les tempéraments apportés à la rigueur des principes par l'ancienne jurisprudence, donnent assez de latitude pour satisfaire à tout cela.

Sans doute, il faut bien démasquer le vice et s'enquérir de la vie privée *pour établir* LE FAIT *du concubinage* et voilà ce qui blesse la susceptibilité ombrageuse de quelques esprits. Cette pensée se découvre dans un dernier argument qui change l'état de la question.

Tout à l'heure, M. Merlin contestait l'intime relation des dons entre concubins à la cause immorale. Maintenant, il s'efforce d'établir que la preuve du concubinage n'est plus admissible aujourd'hui : — « *L'esprit des lois nouvelles*, dit-il, *réprouve les inquisitions sur la vie privée.* » Et il cite, à l'appui, l'exposé des motifs de la loi des successions, où il est dit que, *pour ne pas autoriser des inquisitions injustes et odieuses*, le législateur *a restreint les causes d'indignité.* — Il invoque, aussi, l'article 340 du Code Napoléon, *qui interdit la recherche de la paternité.*

Dabord, il n'existe aucune analogie entre les causes *d'indignité* en matière de successions et les *causes illicites* en matière de contrats , entre la raison des unes et la raison des autres.— La succession légitime étant l'apanage de la proximité du sang , il ne faut rien moins qu'une *indignité précise* pour en dépouiller les parents. Aussi, l'article 727 réduit-il à trois , avec des expressions rigoureusement limitatives, les causes qui rendent indigne de succéder; tandis que l'article 1131 réprouve , généralement , TOUTES *les causes contraires aux bonnes mœurs*....; Ce qui donne une latitude indéfinie , tant pour le genre de preuve que pour le genre d'immoralité. — Quant à l'induction puisée dans l'article 340 du Code Napoléon , qui interdit la recherche de la paternité , nous dirons que cette recherche est permise dans les cas de viol et de rapt qui sont les plus scabreux......; que la recherche de la maternité l'est toujours.....; que l'adultère et le concubinage peuvent être prouvés dans les cas de désaveu et de séparation de corps...., etc.. ; Qu'ainsi ; la loi ne recule pas devant l'inquisition de la vie privée , quand il s'agit de défendre les intérêts les plus chers de la famille et de sanctionner les devoirs sacrés qui en dérivent, lorsque leur violation fait un outrage sanglant à la morale publique.— Nous dirons , enfin que l'interdiction édictée par ce texte est *une exception* au droit commun, qui se justifie par le mystère de la paternité... etc.

Reconnaissons la vérité du principe que *les inquisitions sur la vie privée répugnent à l'esprit des lois modernes*.....—Du moins, est-il certain que cela doit s'entendre du seul cas où, *sans autre appui que l'offre d'une preuve testimoniale*, on voudrait, pour ébranler des droits en apparence légitimes, scruter les secrets de la vie privée.

On conçoit l'inadmissibilité de cette preuve, alors que le concubinage est caché sous le voile du mystère..... Le scandale n'existe pas encore, dira-t-on aux demandeurs; c'est vous qui voudriez le faire éclater par la publicité d'une action judiciaire que rien ne semble justifier.....— Mais, lorsque le concubinage est *notoire*....; lorsqu'il a déjà produit un scandale éclatant......; lorsqu'il est constaté par la reconnaissance des enfants naturels et par la possession d'état de ces derniers.....; lorsque la concubine se présente pour demander la délivrance des biens qui ne sont que la récompense de sa lubricité.....; alors, sans doute, il ne s'agit plus de prévenir le scandale par l'inadmissibilité d'une preuve déjà écrite dans toutes les consciences....? alors, il ne s'agit plus *d'inquisition*..... Il s'agit de venger la morale publiquement outragée et de rétablir la légitimité dans ses droits.— Refuser l'action et, surtout, l'exception de nullité, dans tous ces cas, aux parents légitimes, c'est sacrifier l'existence des familles et l'intérêt des bonnes mœurs au plus vil des intérêts privés.

Nous pensons, (et, encore, n'est-ce qu'une concession gratuite faite à l'état actuel de la jurisprudence), que les anciens principes, sanctionnés par la loi nouvelle, doivent être modifiés, en ce qui touche l'admissibilité *de la preuve testimoniale*, d'après les distinctions suivantes :

Le concubinage est-il déjà établi par la publicité des relations entre concubins, par la reconnaissance des enfants naturels, par des correspondances décisives et autres faits constants..... ? la preuve testimoniale sera admissible comme *complément de preuve ;* parce qu'alors la morale, publiquement outragée, sollicite une éclatante réparation et que le maintien de la libéralité serait un nouveau scandale. — A défaut de ces précédents, elle sera déclarée irrecevable.

Encore, faut-il, selon nous, proportionner l'étendue de cette restriction au degré de faveur que méritent les parents légitimes. — Quand c'est un héritier *réservataire* qui attaque la libéralité faite à une concubine, l'offre de la preuve testimoniale nous paraîtrait suffisante, surtout si la libéralité avait été déguisée. Le déguisement, dans ce cas, est, déjà, un indice certain de la cause immorale et l'intérêt légitime des réservataires parle plus haut que toutes

les considérations par lesquelles on voudrait étouffer
sa voix. — Dira-t-on qu'il est odieux de voir un père
accuser son fils et , surtout , un fils dévoiler la turpitude de son père.... ? Sans doute , cela est odieux ;
mais , l'infamie retombera sur le demandeur , s'il ne
justifie son action , et le jugement vengera la société
de la témérité de l'un ou du crime de l'autre.

Nous n'ignorons pas que , malgré quelques arrêts
qui ont consacré les vrais principes , la jurisprudence ,
dominée par l'ascendant d'une érudition profonde ,
incline vers l'opinion de M. Merlin. — Que prouve
cette tendance , si ce n'est qu'une grande autorité
peut , quelquefois , accréditer une grande et funeste
erreur.

La morale ne perd jamais entièrement ses droits et
quelle que soit la faiblesse de nos lumières en pré-
sence d'une autorité aussi imposante , ne devons-nous
pas protester contre une doctrine qui blesse essentiellement les bonnes mœurs..... ?

FIN.

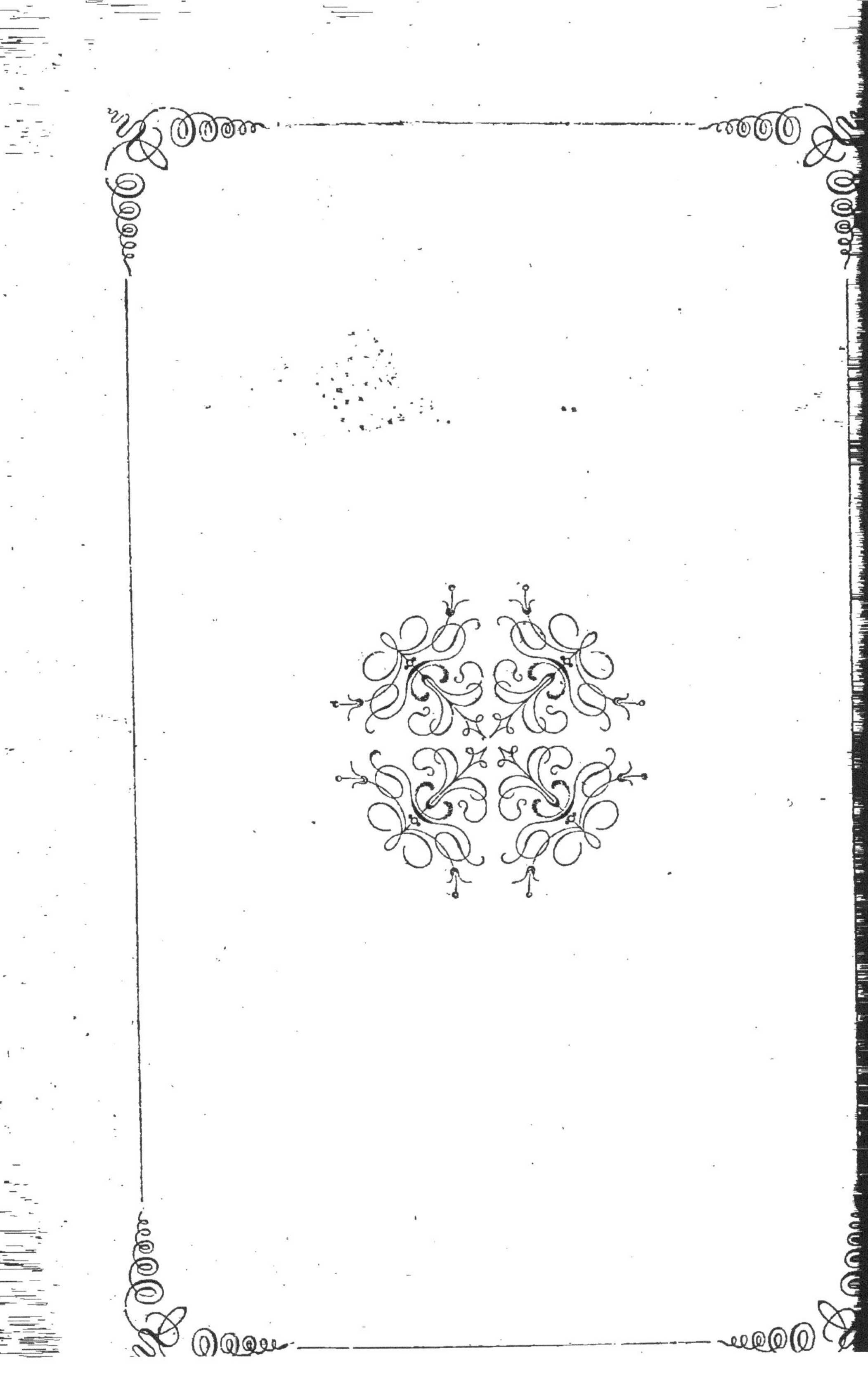

www.ingramcontent.com/pod-product-compliance
Ingram Content Group UK Ltd.
Pitfield, Milton Keynes, MK11 3LW, UK
UKHW020953140726
13695UKWH00003B/1381